AF316919

LA
SOLUTION

PAR

François CHAZETTE

POITIERS

JUSTIN RESSAYRE

LIBRAIRE-ÉDITEUR

—

1873.

LA
SOLUTION

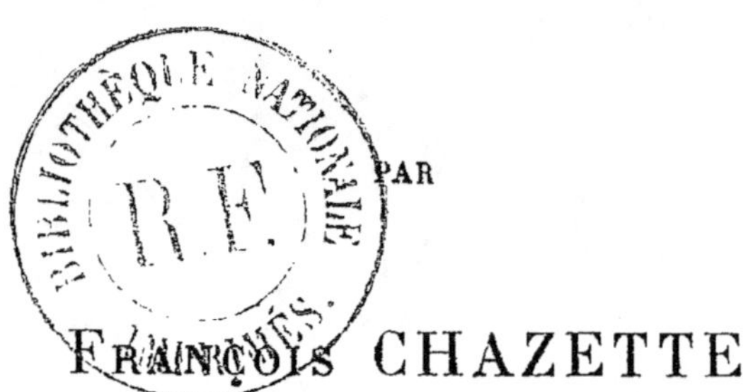

PAR

FRANÇOIS CHAZETTE

━━◆◆◆━━

POITIERS

JUSTIN RESSAYRE

LIBRAIRE-ÉDITEUR

—

1873.

PRÉFACE

Par une splendide journée de juin 1789, six chasseurs se livraient aux délices de la halte sur le sommet d'une montagne du Centre, lorsqu'un taureau furieux s'élança contre eux en bondissant. S'enfuir en abandonnant armes, gigot et saucisson fut l'affaire de cinq; mais le sixième, B. de B..., se campant sur ses genoux en raison de sa haute stature (deux mètres), attendit l'animal de sang-froid, et, dès qu'il fut à sa portée, le saisit par les cornes, le renversa et le contint ainsi jusqu'au retour de ses camarades, qui le félicitèrent chaudement de son courage. Le taureau, remis en liberté, détala à son tour, honteux de sa témérité.

Je suis neveu de B. de B..., mort à l'armée de Condé.

LA SOLUTION

O fusion, mon vœu patriotique de vingt ans, ne serais-tu qu'une vaine illusion !

La France est-elle parvenue au terme de ses longues et glorieuses destinées, et va-t-elle s'engloutir dans l'abîme qui recèle tant d'autres grands peuples dont l'histoire conserve le souvenir ! Comme un vieux chêne renversé par la tempête, malgré sa verdoyante chevelure, sera-t-elle la proie des maraudeurs voisins ?

Avant de se livrer au découragement et à la résignation, il convient d'examiner la situation sous toutes ses phases, avec un esprit dégagé de toute attache des partis, mûri par l'expérience, et pur de toute ambition égoïste. Tel est mon état mental, je l'affirme devant Dieu et devant les hommes.

La fusion est-elle encore possible ?

Sans remonter au déluge, je constate que le vertueux et libéral Louis XVI fut supplicié à Paris en présence de la population complice ou inerte. Son neveu, le duc de Berry, présomptif héritier du trône restauré, fut assassiné, vingt-huit ans après, dans cette même capitale, dont les habitants ne furent pas unanimes à flétrir et à maudire le meurtrier.

En 1830, Charles X, pour une dérogation à l'article 14 de la Charte, dont ses ministres étaient seuls légalement responsables, fut chassé de son royaume, et son petit-fils, à peine âgé de dix ans, subit le même sort.

Louis-Philippe d'Orléans, cousin du roi dépouillé, crut devoir accepter la couronne que la faveur populaire lui décerna. Pour dire jusqu'à quel point il fut blâmable et même coupable, il faudrait savoir ce qui serait advenu par son refus, dans l'état d'effervescence où se trouvait la grande majorité de la nation affolée de haine contre les ministres et les principaux amis du roi. C'était le fruit des excitations et des calomnies de la presse, non moins que des manifestations imprudentes des partisans de l'ancien régime.

Après dix-huit ans d'un règne pacifique et utile au point de vue des intérêts matériels, le roi des Français fut chassé à son tour avec sa famille pour des motifs futiles. Les princes d'Orléans n'emportèrent pas la consolation de pouvoir protester au nom de leur droit.

Cette fois, la République fut proclamée par quelques intrigants aidés d'une poignée de bandits, aux applaudissements des légitimistes et du clergé, qui virent avec joie s'ouvrir les chances de la restauration d'Henri V. Les convoitises des démocrates nous conduisirent promptement à l'anarchie, comme il arrivera toujours en pareille occurrence.

Un aventurier, qui deux fois déjà avait abordé nos frontières avec un aigle pour emblème, à défaut de titre, fut acclamé chef de l'État par la majorité du peuple, en qualité de libérateur.

(Il faut croire que ce rôle est aisé à jouer contre la République, puisqu'il ouvre, dit-on, de nouvelles chances de succès à celui qui a corrompu, ruiné, trahi, déshonoré notre patrie.)

Il a été chassé à son tour, grâce à Dieu !

L'Assemblée nationale, la plus souveraine des souverains que nous ayons eus, puisqu'elle a été élue, avec une liberté aussi complète que possible, par le suffrage universel le plus étendu qui ait jamais fonctionné chez aucun peuple, dans un moment où pas une voix ne réclamait le pouvoir suprême, est d'une incontestable compétence pour fixer la forme du gouvernement qui convient le mieux au peuple qu'elle représente.

Paris étant assiégé, les armées allemandes occupant une partie de notre territoire, nos députés se réunirent à Bordeaux. C'étaient, la plupart, des hommes nouveaux, inexpérimentés, inconnus entre eux, honnêtes et, partant, hésitants (l'audace n'est pas le propre des honnêtes gens). Ils résolurent d'ajourner la proclamation de la monarchie des Bourbons, qui était le vœu du pays et le leur en grande majorité.

Cependant un cri de fusion s'exhalait de toute part, et la presse conservatrice s'en faisait l'écho dévoué. Aucun obstacle ne semblait devoir s'opposer à la réconciliation des deux branches de la glorieuse famille qui, durant tant de siècles, avait dirigé nos progrès dans la civilisation et nous avait laissés au premier rang des peuples.

On accuse l'Assemblée nationale d'avoir manqué d'initiative, et, par faiblesse, d'avoir favorisé le développement des partis anarchiques. Ce reproche ne me paraît pas fondé. Pour instituer une monarchie, il faut avoir un monarque à sa disposition, et elle n'en avait pas plus alors qu'elle n'en a aujourd'hui.

Monseigneur le comte de Chambord, chassé de sa patrie, a trouvé à l'étranger une sympathique hospitalité. Pendant que les masses étaient pour lui indifférentes ou hostiles, ses amis lui prodiguaient des hommages de fidélité et de dévoûment qui les honorent. Ils sont généralement bienfaisants, généreux, braves, mais peu populaires, quoi qu'ils en pensent. Tel qui leur montre une respectueuse gratitude les joue au scrutin.

L'héritier légitime de nos rois a épousé une princesse autrichienne qui connaît le martyre de Marie-Antoinette. Il n'a pas plu à la Providence de féconder cette union, si bien assortie par ailleurs.

S'exposer à l'ingratitude pour léguer son œuvre à d'autres, avec crainte qu'elle ne soit pas continuée à son gré ; affronter le séjour de Paris, où Louis XVI et le duc de Berry ont été immolés aux fureurs des partis antimonarchiques, au moment où la Commune vient de révéler leur accroissement en nombre et en férocité ; prélever un budget de trois milliards pour faire face aux charges nouvelles du pays ; gouverner avec le suffrage universel ou le supprimer ; retrouver une patrie envahie, mutilée, frémissante du désir de se venger sans en avoir les moyens, toutes ces considérations rendent la couronne de France peu attrayante à un prince pacifique âgé de cinquante ans.

Il est venu toucher barre à Chambord, en reconnaissance du rappel des lois d'exil, puis il a regagné son asile de paix. Il nous a laissé deux manifestes qui témoignent de son bon cœur, de son attachement à sa patrie, de ses intentions libérales, de sa haute loyauté, mais insuffisants de la part d'un roi. Que ce prince formule donc une constitution, un pacte de réconciliation quelconque, et qu'il le présente à l'acceptation de l'Assemblée nationale ! Il donnerait ainsi à ses vues un corps saisissable, discutable, et on parviendrait peut-être à s'entendre ; car l'opinion, entrevoyant un terme à nos malheurs, aux extrêmes dangers qui nous menacent, exercerait une pression utile. — On lit dans l'*Union* : « Vous pouvez dire qu'Henri de Bourbon » est intraitable, vous pouvez vous plaindre de son » inflexibilité, vous ne pouvez pas en faire un » rebelle. » L'organe du prince devrait bien nous apprendre sur quoi il est intraitable et inflexible, car personne, que je sache, ne connaît au juste ses prétentions, si ce n'est celle du drapeau, emblème qui ne constitue pas à lui seul tous les attributs d'un roi.

Henri V ne se soucie pas de régner, et il n'abdiquera pas. L'abdication impliquerait de sa part un aveu d'impuissance pour le principe qu'il représente à sa manière, et, de plus, une félonie à l'égard de ses amis. Dans le for intérieur, il dit, je crois, à la France : « Vous vous êtes passée de moi pendant quarante-deux ans, continuez ; bonne chance ! »

Des légitimistes aux abois, n'osant se plaindre du comte de Chambord, s'en prennent, qui à M. Thiers, qui aux princes d'Orléans qu'ils accusent d'ambition.

A mon sens, les d'Orléans ont une attitude convenable. Le comte de Paris se porte présomptif héritier de la couronne d'Henri V, sans laisser apercevoir des visées prématurées. On se préoccupe des allures démocratiques de Monseigneur le duc d'Aumale, qui pourraient bien dissimuler des tendances à l'usurpation du trône. C'est un jugement téméraire, à mon avis ; je le crois incapable de rien entreprendre au détriment de son neveu ; s'il en était autrement, ce prince serait insensé, car, abandonné de tous les siens, il échouerait dans l'isolement. Il pourrait bien avoir l'intention de se faire le concurrent de M. Gambetta à la présidence, pour le cas où, le désarroi se prolongeant dans le parti monarchique de l'Assemblée nationale, la proclamation de la République s'imposât par lassitude ; mais quel bon citoyen pourrait s'en plaindre ?

On reproche encore aux princes de la branche cadette de ne pas se réunir à l'étranger à leur

parent et roi. Celui-ci ne serait-il pas aussi conve-
nablement établi à Chambord qu'à Frohsdorff, et
n'habiterait-il pas en Berry plutôt qu'en Bohême
s'il éprouvait un désir égal à celui de ses cousins
de respirer l'air de la patrie après un long et cruel
exil ? *A priori*, on réfute ce reproche par l'incerti-
tude où nous sommes touchant les dispositions
réelles d'Henri de Bourbon. Si ce prince ne voulait
se décider à régner qu'à des conditions repoussées
par la nation, serait-il à propos que les héritiers de
ses droits encourussent d'avance les mécontente-
ments de celle-ci et créassent des obstacles à leur
avénement légitime ? Leur réserve me semble être
plutôt une planche de salut dans l'avenir qu'une
faute dans le présent. Cette réserve serait exagérée
si elle excluait une visite qui est de toute conve-
nance ; s'en abstenir serait une véritable faute. Le
public monarchique ignore les griefs particuliers
qui peuvent exister en dehors des faits historiques,
et il ne tient compte que de ceux-ci. Les priviléges
attachés à la dignité de prince imposent des devoirs
et des sacrifices plus rigoureux que ceux des simples
citoyens. La déchéance morale est le châtiment
des princes qui ne se pénètrent pas assez de cette
vérité.

Passons à M. Thiers. Les récriminations qu'on
entend contre M. le Président de la République me
semblent au moins hasardées. On lui rappelle le
pacte de Bordeaux sans s'occuper des obstacles
imprévus qui se sont accumulés sur la voie de la
monarchie que se proposait de suivre rapidement

la majorité des contractants. On ne considère pas assez, pareillement, la responsabilité qui pèse sur le chef de l'État. Où trouver un homme de mérite pour exercer une pareille charge sans avoir un programme politique défini ? La République conservatrice est un expédient ingénieux et honnête que je félicite M. Thiers d'avoir inventé et de pratiquer dans les conjonctures présentes. Je ne voudrais pas plus que lui être le chef d'un gouvernement provisoire sans issue. On savait bien, par ses antécédents, qu'il ne mettrait pas d'office la couronne sur la tête d'Henri V, avec carte blanche pour organiser son gouvernement. Il a aussi trop de flair politique pour relever le trône de Juillet au nom de la souveraineté nationale, accouplement d'utopistes dont l'expérience vient de faire deux fois justice. J'estime que M. Thiers et ses amis tirent le meilleur parti possible de la situation. Exiger qu'ils jouent double jeu et trahissent à la fois la République et la monarchie serait un outrage à leur honneur. Je ne crois pas qu'au fond MM. Thiers, Dufaure, de Rémusat, Casimir Périer et autres soient républicains différemment que Châteaubriand, qui se disait républicain par nature, monarchiste par raison et bourbonnien par sentiment. C'est la profession de foi de l'élite du peuple français. Nous serions tous républicains si cette forme de gouvernement était compatible avec notre caractère national. M. Thiers n'est pas sans voir clairement l'impossibilité de fonder avec cet élément une République modérée et durable. Il n'a pas besoin de se tourner pour voir

sa queue creusant le sillon qu'il trace d'une main
habile et légère, et l'inondant bientôt du sang de
nos modernes girondins. Il connaît parfaitement
les Gambetta, les Lacretelle qui proscrivent l'ensei-
gnement religieux au nom de la liberté, et de-
mandent l'abolition de la peine de mort en s'api-
toyant sur les insomnies des monstrueux assassins
des otages. M. Thiers n'est pas dupe, croyons-le
bien; mais son embarras est grand par la faute de
tous, et il fait le mieux possible.

La sécurité dont il jouit, il la doit à son grand
âge; s'il n'avait que 40 ans, il serait la cible des
ambitieux. Le respect dont on l'environne est la
récompense de son ardent patriotisme. Quant aux
adulations dont il est l'objet, il n'ignore pas que
c'est une forme de sollicitations à l'usage des
médiocrités de tous les temps.

Tel est, je crois, le jugement que portera l'histoire sur la politique actuelle de M. le Président de
la République conservatrice; et elle ne fouillera pas
dans son cœur pour y découvrir des faiblesses
naturelles inévitables.

Est-ce à dire qu'il ne reste à notre chère patrie
aucun espoir de salut? Il n'en est pas ainsi, grâce
à Dieu! nous pouvons encore être sauvés par l'Assemblée nationale, si elle se recueille et mesure
avec fermeté et sagacité l'étendue de ses pouvoirs
et de sa responsabilité. Par un concert vigoureux,
elle peut affirmer la vitalité de la France.

Dès leur rentrée, après avoir assuré des subsides au gouvernement, nos députés devraient faire immédiatement une loi électorale ; puis une constitution monarchique, qu'ils présenteraient à l'acceptation du comte de Chambord. Ce pacte pourrait être modifié d'un commun accord, et on aboutirait peut-être au but désiré par la force des choses, qui dompte les répugnances.

Si on ne parvenait pas à s'entendre, l'Assemblée nationale aurait le choix entre deux partis à prendre à l'égard du prince qui personnifie le droit héréditaire : le déclarer déchu le plus courtoisement possible, ou bien le proclamer roi avec un conseil de régence. Si la déchéance prévalait, cette même constitution serait présentée à l'acceptation de l'héritier de la couronne par ordre de primogéniture.

J'honore et je respecte profondément le comte de Chambord, mais je n'admets pas qu'un grand peuple doive se résigner à périr lorsqu'il arrive qu'un prince, à tort ou à raison, prétend le gouverner par des moyens contraires à ses aspirations et à son instinct naturel de conservation.

Qu'est-ce qu'un principe en politique ? On donne ce nom à une forme de gouvernement adoptée après de pénibles essais, de longues épreuves et de glorieuses traditions. Le droit des Bourbons à régner sur nous n'a pas d'autre base. Un principe, quelque salutaire qu'il ait été dans le passé, perd sa raison d'être dès qu'il d vient funeste. Le premier droit, comme le premier devoir des peuples, est de vivre et de prospérer ; et la volonté du prince ne saurait l'emporter sur celle du peuple, manifestée légalement.

Je sais que cette manière de voir est réputée révolutionnaire par des esprits superficiels ou absolus. Elle conduit en effet trop souvent à des révolutions par la résistance aveugle des souverains et leur appel à la force. L'épée se brise dans la main du despote, et les digues de la sagesse sont rompues par l'exaltation des vainqueurs.

L'Angleterre sait mieux que nous profiter des leçons de l'histoire.

On dit encore : le comte de Paris étant fait roi du vivant d'Henri de Bourbon, on se retrouverait en face des trois oppositions légitimiste, bonapartiste et républicaine, et son trône s'écroulerait promptement sous leurs efforts combinés. A Dieu ne plaise que je désire le rétablissement de la royauté de Juillet! En 1830, après l'abdication de Charles X, on chassa son légitime successeur le duc de Bordeaux, et ce crime politique, nous l'expions encore cruellement. Je suis légitimiste sans égoïsme et sans passion. Ce que je désire, c'est de pouvoir crier de tout mon cœur : Vive Henri V ! ce que je repousse absolument, c'est l'obligation pour ma patrie de s'effondrer dans une impasse.

Après le refus du comte de Chambord d'adhérer à la constitution délibérée par l'Assemb'ée nationale, l'immense majorité du peuple français acclamerait sans scrupule et de plein droit la royauté du comte de Paris.

Messieurs les députés, s'ils veulent bien oublier

leurs personnalités et s'imprégner des vœux de leurs électeurs, adopteront ces conclusions, qui ne sont pas l'œuvre d'un solitaire : c'est le résumé de conversations nombreuses avec des hommes éminents, consciencieux et patriotes, sachant sacrifier leurs préférences au salut de la patrie.

La poule de M. Thiers couve des œufs de communards; et l'aigle, emblème de honteuse défaite, agite ses ailes par delà la Manche. Il n'y a pas de temps à perdre.

L'Assemblée nationale est mise en demeure de s'illustrer ou de se déconsidérer à jamais. *Sursum corda !!!*

François CHAZETTE.

Poitiers. — Typ. A. DUPRÉ.